KÖLN
ZUM
Selbermachen

BASTELN + STRICKEN + HÄKELN + NÄHEN

MILA LIPPKE · OLGA RELJIĆ · MIRJAM WIESEMANN

KÖLN
ZUM
Selbermachen

BASTELN + STRICKEN +
HÄKELN + NÄHEN

emons:

INHALT

VORWORT

Schön, dass dich unser Buch gefunden hat. Vermutlich liebst du Köln und bastelst gerne. So wie wir. Eigentlich kommen wir – Mirjam, Olga und Mila – aus verschiedenen Ecken der Welt (Niederlande, Serbien und Düsseldorf), aber Köln und die Leidenschaft für Handarbeit hat uns zusammengebracht.

Weil es ausgesprochen langweilig sein kann, Kinder auf dem Spielplatz zu betreuen, haben wir vor ein paar Jahren unsere jeweiligen Handarbeitsprojekte mitgebracht. Und dann festgestellt, wie bereichernd es ist, zusammen zu basteln, zu nähen, zu häkeln oder zu stricken – und noch viele weitere kreative Ideen zu verwirklichen! Aus dem gemeinsamen Handarbeiten wurde nach und nach Freundschaft. Bei einem unserer Bastel-Treffen keimte die Idee für dieses Buch – du kannst dich ja gerade selbst davon überzeugen, was daraus geworden ist. Handarbeit ist wahnsinnig bereichernd, vor allem, wenn du nicht nur allein vor dich hin werkelst. Vielleicht hast du ja Lust, dich mit Anderen zu treffen und gemeinsam eine unserer Liebeserklärungen an Köln nachzuarbeiten? Es gibt nichts Ansteckenderes als Kreativität. Wenn du noch mehr mit den Händen arbeiten willst, neue Techniken lernen und dabei andere nette Leute treffen möchtest, bieten wir auch Workshops an. Schau doch mal auf www.arttreff.net vorbei. Jetzt wünschen wir dir einfach nur noch viel Spaß. Sei kreativ!

Olga, Mirjam & Mila

KÖLNER-
SKYLINE-KARTE

✂ ✂ ✂

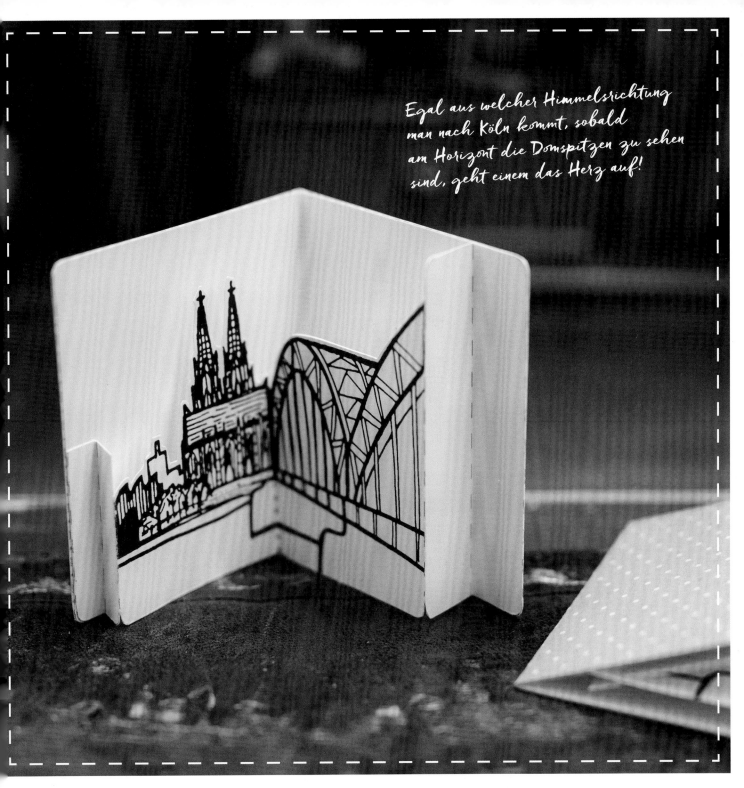

Egal aus welcher Himmelsrichtung
man nach Köln kommt, sobald
am Horizont die Domspitzen zu sehen
sind, geht einem das Herz auf!

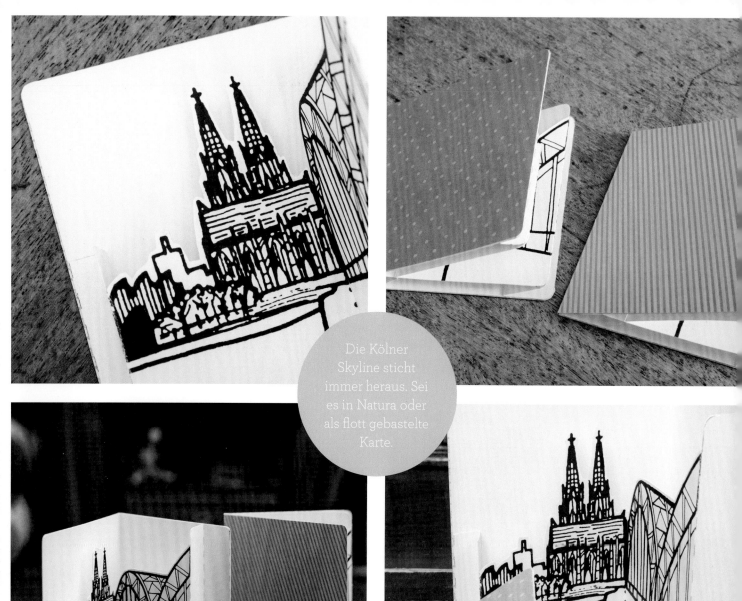

Die Kölner Skyline sticht immer heraus. Sei es in Natura oder als flott gebastelte Karte.

KÖLNER-SKYLINE-KARTE

Ganz schön viel Papier muss man beschreiben, wenn man
die Geschichte der Stadt Köln zusammenfassen will. Immerhin
reicht die bis ins Jahr 50 n. Chr. zurück. Da begann alles als
römische Siedlung: Colonia Claudia Ara Agrippinensium.
Ungefähr hier findet sich heute die Kölner Skyline mit dem Dom,
der Hohenzollernbrücke und der Altstadt, auch wenn diese nicht
wirklich alt ist, denn nach dem Krieg mussten die Bürger- und Handels-
häuser wieder neu aufgebaut werden. Zwar ist auch die Hohenzollernbrücke nicht so alt – sie wurde erst 1911 fertig gestellt –, aber
bereits die Römer nutzten eine Brücke über den Rhein nach Deutz.
Die Stadtgeschichte Kölns ist nicht aus Pappe,
unsere Pop-Up-Karten aber schon.

Material

Vorlage im Anhang auf DIN A3 vergrößert ausgedruckt,
festes Papier, Cuttermesser, Schere, Falzbein, Papierkleber

Anleitung

1
Vergrößere die Vorlage aus dem Anhang auf DIN A3 (133%) und
drucke sie auf festes Papier aus.

2
Schneide die Vorlage entlang der äußeren Umrandung mit Messer oder
Schere aus (Skizze 1).

KÖLNER-SKYLINE-KARTE

Schneide mit einer Schere die beiden rot markierten Schlitze zum Zusammenstecken an.

3

Falte die Vorlage entsprechend der Skizze 2 und achte dabei auf die richtige Richtung: Die Kanten mit gestrichelten Linien knickst du zu Talfalten um, die mit den Strich-Punkt-Strich Linien zu Bergfalten.

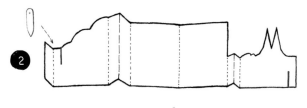

4

Drehe die Vorlage um und bringe vorsichtig Kleber auf die markierten Stellen auf (siehe Skizze 3).

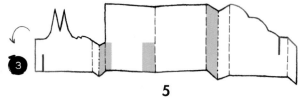

5

VORLAGE IM ANHANG

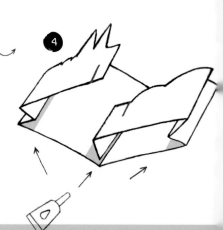

Klebe abschließend die Karte an den markierten Stellen zusammen und stecke die Karte an den Schlitzen ineinander. Zum Schluss kannst du noch ganz individuell ein farbiges Papier von außen auf die Karte kleben. Fertig!

SEILBAHN

SEILBAHN

Für Kölner Pänz (und ihre volljährigen Begleiter) ist es auch heute
noch ein Erlebnis, vom Rheinpark aus den Weg über das Wasser
des Rheins zum Zoo mit der Seilbahn anzutreten. Und so mancher
Tourist staunt, wenn er hoch oben von den gläsernen Kabinen
der Bahn einen Blick auf die Nacktbadenden der unter ihm gelegenen
Sauna wirft. Eigentlich sollte es die Seilbahn bloß fünf Jahre geben,
als sie 1957 als besondere Attraktion der Bundesgartenschau
eingeweiht wurde. Unter der genähten Seilbahn-Girlande, die
das rechtsrheinische Köln mit dem Zoo am linken Ufer verbindet,
schaukelt man gemütlich in einen erholsamen Schlummer.
Und es lässt sich vortrefflich von wilden Tieren träumen.

Material

Baumwollstoff, Reste in verschiedenen Farben und Mustern, Schrägband, 2 cm breit, 2 m, pro Gondel 10 cm schwarzes schmales Band für
die Gondelaufhängung, schwarzes Nähgarn für die Fenster-Applikation

Anleitung

1

Schneide mit Hilfe des Schnittmusters 2x die Gondel aus dem bunten Stoff
zu. Die Nahtzugabe von + 1 cm ist im Schnittteil noch nicht enthalten!

2

Schneide mit Hilfe des Schnittmusters auch das Fenster 2x aus einem einfarbigen Stoff zu. Hier ist die Nahtzugabe bereits im Schnittteil enthalten.

SCHNITT-
MUSTER
IM ANHANG

SEILBAHN

3

Fixiere das Fenster mit Stecknadeln oder Vliesofix jeweils auf einem
Stoffzuschnitt der Gondel und appliziere es rundherum mit schwarzem
Garn und Zickzackstich. Nähe anschließend mit Zickzackstich
die Streben auf, um die Fensterteilung zu erzeugen (siehe Skizze 1).

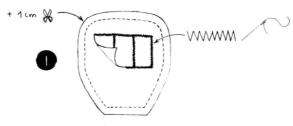

4

Jetzt legst du die rechten, also die »schönen« Stoffseiten der
beiden Gondelhälften genau aufeinander, so dass die beiden Fenster
aufeinanderliegen.

5

Nähe die Gondelhälften mit normalem Geradstich und mit 1 cm
Abstand von der Stoffkante zusammen; belasse dabei eine Wendeöffnung zwischen den beiden Markierungen
(siehe Skizze 2).

Tipp
Die Gondel lässt sich
nach dem Zusammennähen
leichter auf rechts wenden,
wenn du zuvor die Ecken
zurück schneidest!
Achte darauf, dass die
Gondel nach dem Wenden
eine schöne Form erhält.

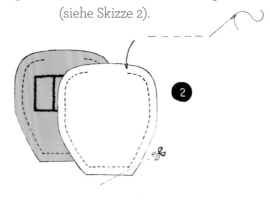

SEILBAHN

6

Schneide alle Ecken zurück und wende die Gondel auf rechts
(siehe Skizze 2).

7

Bügle oder falte die Nahtzugaben in der Wendeöffnung nach innen.
Lege anschließend 10 cm schwarzes Band doppelt, schiebe die Enden in
die Wendeöffnung, und während du die Öffnung von außen zunähst,
wird das Band gleich mit festgenäht.

8

Mit jeder Gondel wie oben beschrieben vorgehen.

9

Zum Schluss das Schrägband über die ganze Länge falten;
die schwarzen Bändchen der fertigen Gondeln mit etwas Abstand
zueinander mit Stecknadeln zwischen das Schrägband heften.
In einer langen Naht das Schrägband zunähen, wobei die Gondeln
dann automatisch mit festgenäht werden.

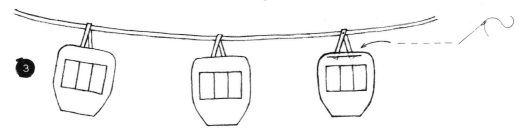

Tipp
Besonders individuelle Wimpelketten
entstehen, wenn du ganz verschieden
gemusterte Stoffe verwendest.

DOM-
TOPFLAPPEN

✄ ✄ ✄

DOM-TOPFLAPPEN

Am Dom kommt keiner vorbei, der nach Köln will. Die unverbaute Sicht auf das riesige Bauwerk aus allen vier Himmelsrichtungen haben wir dem Status des Doms als Weltkulturerbe zu verdanken. Und »unseren« gotischen Dom gibt es nur, weil im 12. Jahrhundert die Gebeine der Heiligen Drei Könige nach Köln gebracht wurden. Da die Stadt dadurch zu einer der bedeutendsten Wallfahrtsstätten Europas wurde, brauchte man dafür ein imposantes Gebäude. Aber wie das in Köln so ist: Bauarbeiten werden gerne aus Geldmangel unterbrochen. Deshalb wurden auch erst Ende des 19. Jahrhunderts endlich die beiden Türme des Kölner Wahrzeichens fertig - man stelle sich den Dom ohne Türme vor?! Vom Baubeginn bis zur Fertigstellung des Kölner Doms hat es Jahrhunderte gedauert. Schneller geht es, wenn der Dom im Topflappen-Format gehäkelt wird … Da kann er dann auch mal die Farbe wechseln.

Größe

Ein Topflappen ist ca. 22 cm lang, die Domspitzen sind ca. 24 cm hoch. Die Größe kann etwas variieren.

Material

FÜR 2 TOPFLAPPEN

Baumwollgarn LL 115 m/50 g Stärke 4–5 in beliebiger Farbe, 2 Knäuel, Häkelnadel Nr. 3, 2 dickere Stoffstücke je ca. DIN A4 groß, Nähgarn, Nähnadel, schmales Baumwollband, ca. 15 cm lang, für den Aufhänger

Das Maschenbild wird fester, wenn man die Häkelnadel eine Nummer kleiner wählt

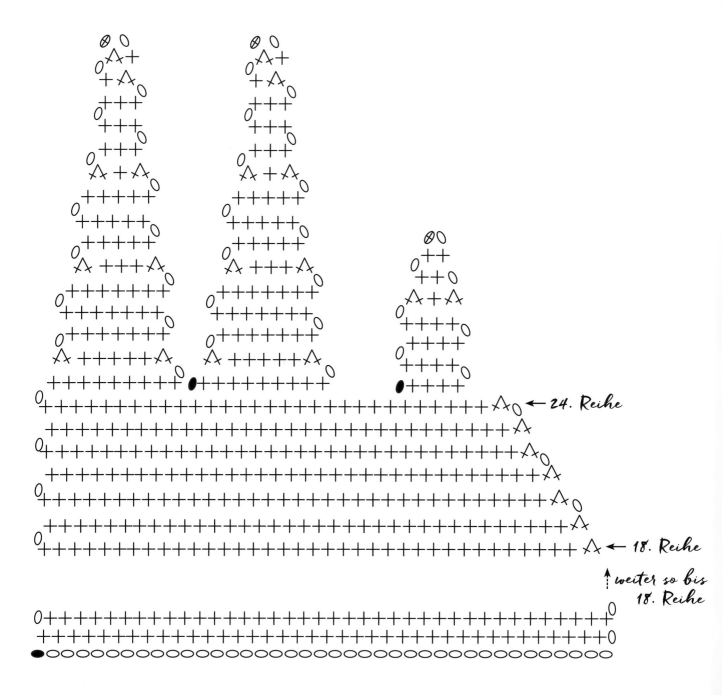

← 24. Reihe

← 18. Reihe

↑ weiter so bis 18. Reihe

DOM-TOPFLAPPEN

Anleitung

Mit Nd 3.0 mm 39 Luftmaschen (Lm) anschlagen

1. Reihe: In die 2. Lm eine feste Masche (fM) häkeln + 37 fM
in die restlichen Lm (insg. 38 fM), 1 Lm, wenden

2. Reihe: 38 fM, 1 Lm, wenden

3. bis 18. Reihe: 38 fM, 1 Lm, wenden

19. Reihe: Die 1. + 2. Masche mit einer fM zusammenhäkeln, 36 fM, 1 Lm, wenden (insg. 37 fM)

20. Reihe: 35 fM, die 36. + 37. Masche mit einer fM zusammenhäkeln, 1 Lm, wenden

21. Reihe: 1. + 2. Masche mit einer fM zusammenhäkeln, 34 fM, 1 Lm, wenden

22. Reihe: 33 fM, die 34. + 35. Masche mit einer fM zusammenhäkeln, 1 Lm, wenden

23. Reihe: 1. + 2. Masche mit einer fM zusammenhäkeln, 32 fM, 1 Lm, wenden

24. Reihe: 31 fM, 32. + 33. Masche mit einer fM zusammenhäkeln, 1 Lm, wenden

25. Reihe: 1. + 2. Masche mit einer fM zusammenhäkeln, 30 fM, 1 Lm, wenden

Falls die Häkelei schief wird: Hast du wirklich immer an die Lm am Ende gedacht?

Jetzt häkeln wir mit der letzten Wendeluftmasche den linken Hauptturm.

LINKER TURM

1. Reihe: 9 fM, 1 Lm, wenden

2. Reihe: 1. + 2. Masche mit einer fM zusammenhäkeln, 5 fM,
8. + 9. Masche mit einer fM zusammenhäkeln, 1 Lm, wenden

3.– 5. Reihe: 7 fM, 1 Lm, wenden

6. Reihe: 1. + 2. Masche mit einer fM zusammenhäkeln, 3 fM,
6. + 7. Masche mit einer fM zusammenhäkeln, 1 Lm, wenden

7.– 9. Reihe: 5 fM, 1 Lm, wenden

10. Reihe: 1. + 2. Masche mit 1 fM zusammenhäkeln, 1 fM,
4. + 5. Masche mit 1 fM zusammenhäkeln, 1 Lm, wenden

DOM-TOPFLAPPEN

11.–13. Reihe: 3 fM, 1 Lm, wenden

14. Reihe: 1. + 2. Masche mit 1 fM zusammenhäkeln, 1 fM, 1 Lm, wenden

15. Reihe: 1. + 2. Masche mit 1 fM zusammenhäkeln, 1 Lm, wenden

16. Reihe: 1 fM

Faden abschneiden, durchziehen, der erste Turm ist fertig!

Nun häkeln wir den rechten Hauptturm.

RECHTER TURM

1. Reihe: 1 Lm in die nächste Masche links neben der letzten Masche vom ersten Turm häkeln, in dieselbe Masche 1 fM, 8 weitere fM (insg. 9 fM) häkeln, 1 Lm, wenden

2. Reihe: 1. + 2. Masche mit einer fM zusammenhäkeln, 5 fM, 8. + 9. Masche mit einer fM zusammenhäkeln, 1 Lm, wenden

3.–5. Reihe: 7 fM, 1 Lm, wenden

6. Reihe: 1. + 2. Masche mit einer fM zusammenhäkeln, 3 fM, 6. + 7. Masche mit einer fM zusammenhäkeln, 1 Lm, wenden

7.–9.Reihe: 5 fM, 1 Lm, wenden

10. Reihe: 1. + 2. Masche mit 1 fM zusammenhäkeln, 1 fM, 4. + 5. Masche mit 1 fM zusammenhäkeln, 1 Lm, wenden

11.–13. Reihe: 3 fM, 1 Lm, wenden

14: Reihe: 1. + 2. Masche mit 1 fM zusammenhäkeln, 1 fM, 1 Lm, wenden

15. Reihe: 1. + 2. Masche mit 1 fM zusammenhäkeln, 1 Lm, wenden

16. Reihe: 1 fM

Faden abschneiden, durchziehen, der zweite Turm ist fertig.

KLEINER TURM/VIERUNGSTURM

Vom rechten Turm aus 5 Maschen abzählen.

1. Reihe: 1 Lm in die fünfte Masche vom Turm aus häkeln,

Tipp
Zusammenhäkeln:
Den Faden mit
der Häkelnadel
anstatt wie bei einer
Masche einfach
durch zwei
Maschen ziehen.

26

1 fM in dieselbe Masche, 3 fM (insgesamt 4 fM), 1 Lm, wenden

2.–4. Reihe: 4 fM, 1 Lm, wenden

5. Reihe: 1. + 2. Masche mit 1 fM zusammenhäkeln,
3. + 4. Masche mit 1 fM zusammenhäkeln, 1 Lm, wenden

6. Reihe: 2 fM, 1 Lm, wenden

7. Reihe: 2 fM, 1 Lm, wenden

8. Reihe: 1. + 2. Masche mit 1 fM zusammenhäkeln, Faden abschneiden, durchziehen, fertig!

Die Fäden vernähen. Den Umriss des Topflappens auf ein Stück Stoff aufzeichnen und dabei + 1 cm Nahtzugabe geben. Das Stoffteil ausschneiden, mit umgeklappter Naht an den Topflappen nähen. Zum Schluss ein kleines Stück Stoff oder Band als Aufhänger an den zweiten Turm nähen.

Den zweiten Topflappen wie den ersten fertigen.

IDEE

Der Dom muss nicht immer grau sein. Ein pinker Dom passt ja auch gut zu Köln.

FC-FANMÜTZE

✄ ✄ ✄

FC-FANMÜTZE

Himmelhochjauchzend und zu Tode betrübt. Derartige Gefühlsachterbahnen sind einem echten Kölner Fan nur zu gut bekannt, doch egal ob Sieg oder Niederlage, ein Fan hält zu seinem Verein. Vor allem in Köln. Mer stonn zo dir, FC Kölle. Und auch wenn die neunzig Minuten auf dem Platz manchmal ganz schön nervenaufreibend sein können, die Fans wissen, wie man Stimmung macht. Immer Rut-Wieß und gut behütet mit dieser schicken One-Size-Strickmütze. Auch Strick-Anfängern gelingt diese stylishe Fußballmütze auf Anhieb. So bleibt genug Zeit, um den nächsten FC-Sieg bejubeln zu gehen.

Größe

One Size – für kleine Köpfe oder für Kinder am besten die selbe Maschenzahl anschlagen und ins Bündchen ein elastisches Garn mit einstricken.

Material

Wichtig: Bitte auf die Lauflänge der verwendeten Wolle achten!

rote Merino-Wolle, LL 110 m/50 g Stärke 4–5, 1 Knäuel, weiße Merino-Wolle, LL 110 m/50 g Stärke 4–5, 1 Knäuel, Stricknadeln 4.0, Stricknadeln 4.5, Nähnadel

Anleitung

Für das Rippenbündchen 44 Maschen mit Nadeln Nr. 4 in Weiß anschlagen.
1. Reihe weiß: 1 Masche rechts, 2 links, 2 rechts stricken, im Muster

FC-FANMÜTZE

weiter bis zur letzten Masche stricken, diese rechts stricken.

2. Reihe weiß: 1 links, 2 rechts usw. im Muster weiterstricken. Fünf weitere Reihen in Weiß im Muster stricken. Dabei jeweils im Wechsel einmal mit einer rechten Masche in den Hinreihen, einmal mit einer linken Masche in den Rückreihen beginnen.

Jetzt sowohl die Farbe wechseln als auch die Nadelstärke. Dabei den weißen Faden nicht abschneiden, sondern mitführen, das spart später das Fäden-Vernähen.

1. Reihe rot: Mit Nadeln 4.5 und in Rot die erste Reihe komplett links stricken.

2 Reihe rot: komplett rechts stricken, dabei verteilt vier Maschen zunehmen. Die Zunahme erfolgt nur in dieser Reihe.

3. Reihe rot: komplett links stricken.

4. Reihe rot: komplett rechts stricken.

5. Reihe rot: komplett links stricken.

6. Reihe rot: komplett rechts stricken.

Dann wieder auf das weiße Garn wechseln:

1. Reihe weiß: komplett links stricken

2. Reihe weiß: komplett links stricken

3. Reihe weiß: komplett rechts stricken

4. Reihe weiß: komplett links stricken

Diese beiden Streifen immer im Wechsel nach Anleitung stricken. Dabei insgesamt 10 Streifen rot stricken und 9 Streifen weiß – die Bündchen nicht mitgezählt.

Achtung
Jeder Mensch hat eine unterschiedliche Art zu stricken. Strickst du sehr fest, müsstest du ein paar Maschen mehr anschlagen. Strickst du sehr locker, brauchst du ein paar weniger Maschen. Es empfiehlt sich, ein paar Probereihen zu stricken und am eigenen Kopf Maß zu nehmen. Das Rippenbündchen sollte die Hälfte des Kopfes umfassen.

FC-FANMÜTZE

Insgesamt sind dies ohne das Bündchen 96 gestrickte Reihen.
Es empfiehlt sich, die einzelnen gestrickten Reihen zu notieren, damit man nicht durcheinanderkommt.

Zum Schluss mit weißem Garn ein weiteres Bündchen stricken:
1. Reihe mit Nadeln Nr. 4 komplett links stricken, dabei 4 Maschen gleichmäßig abnehmen.
2. Reihe im Rippenmuster stricken: 1 rechts, 2 links, usw.
In diesem Muster noch weitere fünf Reihen arbeiten, danach im Rippenmuster abketten – insgesamt 8 Reihen für das Bündchen.

ZUSAMMENNÄHEN

Das Strickstück rechts auf rechts aufeinanderlegen, so dass die Bündchen aufeinandertreffen, dann am besten mit dem Matratzenstich die Bündchen rechts und links zusammennähen (siehe Skizze 1).
Die Mütze klafft jetzt noch auf der rechten und linken Seite jeweils auseinander. Dafür mit einem Faden erst rechts die Längsseite des Strickstückes ketteln und dann fest zusammenziehen. Damit schließt man die Seite der Mütze. Mit dem Faden das letzte winzige Loch zunähen, auf der linken Seite genauso verfahren (siehe Skizze 2).
Fertig – jetzt darf gejubelt werden!

Tipp
Die Mütze lässt sich optisch ganz einfach verändern, indem man die Farben der Streifen wechselt – oder die Streifen breiter oder schmaler strickt. Dann aber die Anzahl von 96 gestrickten Reihen einhalten!

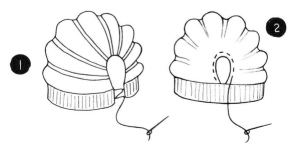

HEINZEL-MÄNNCHEN

Eignen sich wunderbar
zum Dekorieren: die
Kölner Heinzelmännchen
aus Pappmaché!

IDEE

Accessoires machen die Heinzel- männchen erst komplett!

HEINZELMÄNNCHEN

»Wie war zu Cölln es doch vordem,
mit Heinzelmännchen so bequem!«
August Kopisch

Die Heinzelmännchen-Sage ist eine der schönsten (und sicher auch traurigsten) Geschichten aus Köln. Der Legende nach gab es einst kleine Kobolde, die lästige Arbeiten wie Putzen oder Brotbacken übernahmen, während die Kölnerinnen und Kölner sich auf die faule Haut legen konnten. Es heißt, dass eine neugierige Kölnerin Erbsen ausstreute, um die kleinen Wesen zu überraschen, und dass diese deshalb für immer verschwanden. Es könnte natürlich auch sein, dass die Kobolde irgendwann genug davon hatten, ohne Mindestlohn die Schmutzarbeit für die undankbaren Kölner zu erledigen. Wer es bedauert, dass die arbeitssamen kleinen Kobolde aus Köln vertrieben wurden, kann sich die kleinen Wesen aus Pappmaché nachbasteln. Und wer weiß, vielleicht erwachen die märchenhaften Gestalten eines Tages zum Leben ...

Material

FÜRS PAPPMACHÉ

1 Anteil Mehl, 4 Anteile Wasser, Eierbecher zum Abmessen, 2 TL Salz

für ein Heinzelmännchen

Alufolie (Reste), Maler-Krepp, Zeitungspapier, Plakafarbe in Weiß, Rot und Schwarz, Mattlack, je ein feiner und ein dickerer Pinsel, Stoff- oder Wollreste, Arbeitsutensilien zum Dekorieren (Nadel, Fingerhut, kleiner Puppenstuben-Besen etc.)

HEINZELMÄNNCHEN

DIE PAPPMACHÉ-PASTE ANRÜHREN

1

Normalerweise kennt man Pappmaché mit der Zutat Tapetenkleister. Da dieser aber meistens Fungizide enthält, kochen wir die Kleisterpaste einfach selbst. Dazu nimmst du 4 Anteile Wasser und bringst diese in einem Topf zum Kochen. Parallel mixt du einen Anteil warmes Wasser mit einem Anteil Mehl (gut rühren, damit es keine Klumpenbildung gibt), sowie zwei Teelöffeln Salz, um Schimmelbildung zu vermeiden.

2

Wenn das Wasser im Topf kocht, rühre die Mehlmasse vorsichtig unter und lasse das Ganze unter ständigem Rühren 3 Minuten kochen, bis die Paste – im Grunde eine Art Mehlschwitze – klebrig und recht fest ist. Kurz abkühlen lassen.

DEN HEINZELMÄNNCHEN-KORPUS FORMEN

3

Aus den Alufolie-Resten formst du den Kopf, den Körper und Arme und Beine des Heinzelmännchens. Da Heinzelmännchen kleine Wesen sind, sollte das Männchen nicht größer als ungefähr 15 cm sein. Um den Niedlichkeits-Faktor zu erreichen, kannst du den Kopf ruhig überproportional groß formen. Damit die Folie besser zusammenhält, solltest du einige Stellen noch zusätzlich mit Kreppband umwickeln.

Tipp
Was nicht sofort verbraucht wird, einfach in ein Schraubglas füllen und im Kühlschrank für den nächsten Einsatz aufbewahren – eventuell noch mal kurz erhitzen, um die Paste wieder weicher zu kriegen.

IDEE

Ein Ast, ein Stroh-
halm und ein Stück
Kordel - fertig ist
der Besen

HEINZELMÄNNCHEN

DEN KÖRPER MIT PAPPMACHÉ AUSFORMEN

4

Jetzt bekommt das innere Gerüst seine äußere Hülle und das Heinzelmännchen seine Persönlichkeit: Beklebe den Alu-Körper mit der selbst
hergestellten Paste und Zeitungsfitzeln und forme extra kleine
Kügelchen für Wange, Nase und Kinn. Klebe auch die Ohren an und
gib den Heinzeln noch eine dickere Papierkugel als Bauch.
Mit dem ersten Klebedurchgang legst du die groben Umrisse des
Heinzels fest, es gibt noch einige Falten und Löcher.

5

Um den Trockenvorgang zu beschleunigen, kannst du den Heinzelmann
für einige Zeit bei 50° C in den Backofen geben.

*Achtung:
Trockenvorgang
überwachen!*

6

Glätte die Konturen der Figur mit einer weiteren Schicht Zeitungspapier
und Paste. Achte dabei darauf, die Heinzel so in Form zu biegen, dass sie
entweder stabil stehen oder sitzen können.

7

Wieder werden die Kerle getrocknet. Eventuell kannst du – je nachdem,
wie fein du die Heinzelmännchen ausgestalten willst – den Einklebe- und
Trockenvorgang noch einmal wiederholen.

DAS FERTIGE HEINZELMÄNNCHEN BEMALEN

8

Für die Grundierung trägst du zunächst einen aus Rot und Weiß
gemischten Hautton auf Gesicht und Hände auf.

HEINZELMÄNNCHEN

9

Dann bemalst du mit Rot den Körper. An der einen oder
anderen Stelle darf dabei ruhig ein Stückchen Zeitung durchschimmern,
je nachdem kann man da witzige Effekte mit Wörtern erzielen.
Zwischendurch immer mal wieder antrocknen lassen, damit die Farben
untereinander nicht verwischen.

10

Mit Schwarz zeichnest du Augen und Brauen auf und malst dem
Heinzelmännchen die Schuhe an die Füße. Wer möchte, kann mit ein
wenig Rot Wangen, Mund und Nasenspitze konturieren. Lasst eurer
Kreativität freien Lauf. Jeder Heinzel darf ruhig ein bißchen anders werden.

11

Wenn alles getrocknet ist, lackierst du die Heinzel noch mit mattem
Klarlack. Auch wieder trocknen lassen. Dann kannst du dem Männchen
noch ein kleines Mützchen häkeln oder stricken und aus Stoffresten
winzige Schürzen nähen, die du den Heinzeln zusammen mit
selbstgebastelten Besen und kleinen Fundstücken vom Flohmarkt
oder aus der Puppenküche oder dem Kaufladen in die fleißigen
Hände drückst. Mit ganz viel Glück machen die Kleinen
dann gleich mal sauber.

Tipp
Wer den Heinzeln keine Mützen
stricken oder häkeln will, formt
einfach eine kleine spitze Mütze
aus einem Stück Filz oder Stoff.

KÖLN-SPIEL

IDEE

Du kannst auch andere Kölner Gebäude als Spielfigur kneten.

»KÖLN ÄRGERT SICH NICHT«-SPIEL

Dat darf nit wohr sin! Verstopfte Straßen. Verspätete Bahnen. Ein millionen-
teurer Hubschrauberlandeplatz auf absinkendem Untergrund.
Und. Und. Und. Es gibt genügend Gründe, sich über Köln zu ärgern und
dabei wunderbar kölsche Flüche auszustoßen. Zum Beispiel bei diesem
Stadtplan-Spiel. Aber ein Kölner ärgert sich bekanntlich niemals lang.
Stell dich nit esu an! Das einfache Spiel aus Sperrholz ist so schnell gemacht,
dass noch genug Zeit zum Würfeln, Rausschmeißen und Ärgern bleibt.

Spielanleitung

für 2–4 Spieler

BENÖTIGT WERDEN
pro Spieler 4 Figuren einer Farbe, Würfel

ZIEL DES SPIELS
Alle 4 Figuren seiner Farbe nach Hause zu bringen, nachdem sie im Kreis
durch Köln gegangen sind. Der, der es als erster schafft, ist der Gewinner.

SPIELABLAUF
Alle 4 Figuren der mitspielenden Farben stehen auf ihrem jeweiligen
Start-/Zielfeld – den 4 farbigen Punkten in den Ecken des Spielfeldes.
Wer eine 6 würfelt, darf eine der 4 Figuren auf dem farbig passenden
Punkt loslaufen lassen und nochmals würfeln. Gezogen wird im Uhr-
zeigersinn. Wenn mehrere Figuren einer Farbe auf dem Spielfeld stehen,
darf man selber entscheiden, welche weiterzieht. Wenn man auf den

»KÖLN ÄRGERT SICH NICHT«-SPIEL

gleichen Punkt kommt wie die Figur einer anderen Farbe, wird diese
rausgeworfen und muss wieder zu ihrem Startfeld zurück und neu ins Spiel
gewürfelt werden. Sobald eine Figur in ihrem Start-/Zielfeld ist, kann
sie nicht mehr rausgeworfen werden. Das Spiel endet, sobald einer der
Spieler seine 4 Figuren nach Hause gebracht hat.

Material Spielbrett

Vorlage aus dem Anhang, auf DIN A4 ausgedruckt, Sperrholz in
gewünschter Stärke, 30 cm x 30 cm, Säge, Schleifpapier, Acrylfarbe in
verschiedenen Farbtönen, spitzer Pinsel Nr. 6–8, Nadel oder Kohlepapier
zum Durchpausen, ausgediente CD als Lochschablone, alternativ Klebepunkte oder Holzbohrer (Dicke 14–16), Drucker, Papier DIN A4

Anleitung Spielbrett

1

Kopiere die Vorlage des Spielplans mit der Kölner Innenstadt (siehe
Anhang) auf zwei Bögen DIN A4-Papier und schneide sie aus.

2

Schleife die Kanten der Holzplatte sorgfältig ab. Das Spielbrett wirkt
später wertiger, wenn du die Platte vor dem Bemalen mit weißer oder
beiger Acrylfarbe grundierst.

3

Lege die Stadtplan-Vorlage auf die quadratisch zugesägte Holzplatte
und ritze den Rhein, das Wegenetz und die Eisenbahnstrecke mit der

VORLAGEN
IM ANHANG

WICHTIG!

Achte bei allen
Figuren auf eine
stabile Stand-
fläche

»KÖLN ÄRGERT SICH NICHT«-SPIEL

Nadel durch. Alternativ kannst du das Wegenetz auch mit Hilfe des Kohlepapiers von der Vorlage auf das Holz übertragen.

4

Nun malst du mit Pinsel und Acrylfarbe die eingeritzten bzw. durchgepausten Linien nach. Am schönsten und deutlichsten wirkt es, wenn die Wege sich farblich deutlich von der Bahnlinie unterscheiden.

5

Zum Schluss müssen jetzt noch die Laufpunkte und die Start- und Ziel-Punkte aufgemalt werden. Dafür markierst du entweder mit dem Loch von der CD die Punkte mit Bleistift auf dem Spielplan und malst sie anschließend mit Farbe aus. Alternativ kannst du auch farbige Klebepunkte aufkleben. Die richtigen Handwerker können evtl. jedes einzelne Loch in das Holz bohren.

Achtung: Es gibt zwischen den jeweiligen Startpunkten immer 7 Laufpunkte!

6

Jetzt nur noch die Spielfiguren (Anleitung siehe unten) auf das Spielbrett stellen, einen Würfel nehmen und los gehts! Schönen Spaziergang!

Material Spielfiguren

Fimo in Rot, Blau, Grün und Gelb, Messer, Zahnstocher, Fimo-Lack

Anleitung Spielfiguren

1

Schneide mit dem Messer aus den verschiedenen Farben jeweils 4 Stücke zu. Maße: Höhe jeweils ca. 3 cm, Ø jeweils ca. 1 cm.

»KÖLN ÄRGERT SICH NICHT«-SPIEL

2
SPIELFIGUREN DOM

Schneide das Fimo-Stück längs etwa bis zur Hälfte durch und forme aus den 2 geteilten Enden die Türme des Doms aus.

3
SPIELFIGUREN FERNSEHTURM

Teile dafür das Fimo-Stück mit dem Messer in 3 gleiche Stücke. Das erste Stück formst du zu einem Kegel, das mittlere zu einer Kugel. Aus dem dritten Fimo-Stück modellierst du die Spitze des Fernsehturms. Anschließend drückst du alle drei Teile vorsichtig aufeinander und bringst den Fernsehturm nochmals in Form.

4
SPIELFIGUREN KRANHAUS

Schneide dafür das Fimo-Stück in 2 größere und 1 kleines Teil. Die größeren Teile formst du zu länglichen Blöckchen und drückst sie im 90-Grad-Winkel aneinander. Den Zahnstocher brichst du auf die Höhe des »Kranhauses« ab und umwickelst ihn mit dem kleinen Fimo-Teil. Anschließend steckst du den umwickelten Zahnstocher vorne in das Kranhaus. Bei dieser Figur musst du unbedingt vor dem Backen die Stabilität überprüfen!

5
SPIELFIGUREN LVR-TURM

Rolle hierfür die Fimo-Stücke zwischen den Händen zu einer länglichen »Wurst« – pass auf, dass sie nicht zu dünn werden – und drücke anschließend über die ganze Länge drei Kanten in die runde Form, sodass die Triangelform entsteht.

6

Abschließend müssen die Spielfiguren noch bei 110°C 30 min. im Ofen gebacken, d.h. ausgehärtet werden.

Um Fimo haltbarer und stabiler zu machen, sollte man es nach dem Backen lackieren. Es gibt einen speziellen Fimo-Lack in Matt oder Glänzend.

DOMSPITZEN-GRANNY-SQUARE-KISSEN

DOMSPITZEN-GRANNY-SQUARE-KISSEN

Wenn man als Kölner von seinem Fenster aus den Dom sehen kann,
dann ist man stolz darauf. Selbst wenn man sich dafür manchmal
halsbrecherisch weit aus dem Fenster lehnen muss, um wenigstens die
Spitzen erkennen zu können. Ungefährlicher geht das mit den
gehäkelten Domspitzen-Granny-Squares. Wusstest du übrigens, dass
einer der beiden Türme des Kölner Doms vier Zentimeter höher ist als
der andere? Doch bei über 157 Meter hohen Bauwerken macht das im
Zweifel wohl nicht so viel aus.

Material

Baumwollgarn in verschiedenen Farben, idealerweise sollte es
fest verzwirnt und beschichtet sein, passende Häkelnadel, Stopfnadel,
Schere, Kissen-Inlet, 50 cm x 50 cm

Anleitung

BASIC GRANNY-SQUARES

1. Runde (Rd): Häkle 5 Luftmaschen (Lm) und
verbinde die Luftmaschenkette mit 1 Kettmasche
(Km) in die erste Lm zum Ring. Häkle nun 3 Lm für
die Höhe sowie 2 Stäbchen (Stb) in den Ring. Dann
2 Lm, 3 Stb in den Ring, 2 Lm, 3 Stb in den Ring,
2 Lm. Du schließt den Ring, indem du 1 Km in die 3.
der Anfangsluftmaschen häkelst. Den Faden bis auf
10 cm abschneiden und durch die Schlinge ziehen.

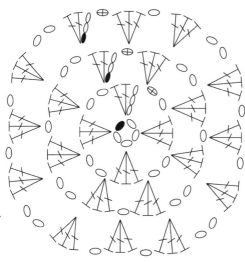

DOMSPITZEN-GRANNY-SQUARE-KISSEN

2. Runde: Nun geht es mit der zweiten Farbe weiter. Häkle sie mit einer festen Masche in eine der Lücken der Vorreihen ein, danach häkelst du 3 Lm für die Höhe. Dann 2 Lm, noch 3 Stb in dieselbe Lücke, schließlich 1 Lm. Dann häkle in alle vier Ecklücken die gleiche Stäbchengruppe. Schließe den Ring mit einer Km. Den Faden abschneiden und durch die Schlinge ziehen.

3. Runde: In der 3. Rd kommt die dritte Farbe dazu: Wiederhole die Schritte der 2. Rd und häkle zusätzlich zwischen den Stäbchengruppen an der Seite jeweils 1 Lm hinzu und an der Ecke 2 Lm. Das Granny kann um beliebig viele Runden bzw. Farben vergrößert werden. Dafür nach dem Schema der 3. Rd fortfahren. Wenn dein Granny Square die gewünschte Größe erreicht hat, vernähe unsichtbar die Fadenenden mit der Stopfnadel.

Für das Granny-Square-Kissen brauchst du bei einer Kissengröße von 50 cm x 50 cm insgesamt neun dieser Basic Granny-Squares pro Kissenseite

DOM GRANNY-SQUARES

1. Reihe: Schlage 11 Lm in der ersten Farbe an.
2. Reihe: Häkle in die 2. Lm eine feste Masche (fM) + 9 fM in die restlichen Lm (insg. 10 fM), dann 1 Lm, anschließend die Arbeit wenden. Arbeite 6 Reihen so weiter.

In der 7. Reihe beginnst du mit dem ersten Turm:

Häkle 4 fM, 1 Lm, wenden, wiederhole diesen Schritt noch einmal:
4 fM, 1 Lm, wenden.
Jetzt häkelst du 3 fM, 1 Lm, wenden.
Zum Schluss häkelst du 3 fM, 3 Lm und in die 2. Lm 1 fM.

Tipp
Alternativ kannst du die Domspitzen-Granny-Squares auch auf einen fertigen einfarbigen Kissenbezug in der entsprechenden Farbe aufnähen.

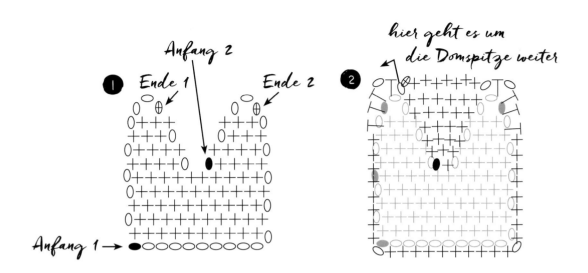

① Ende 1   Anfang 2   Ende 2

Anfang 1 →

② hier geht es um die Domspitze weiter

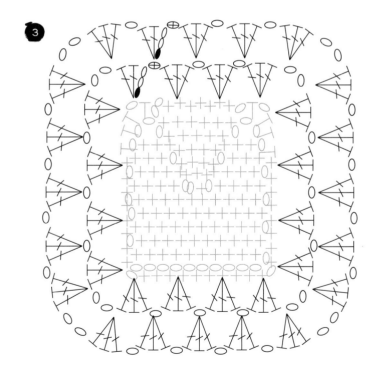

③

● = Anfang

○ = Luftmasche (Lm)

+ = feste Masche (fM)

T = halbes Stäbchen (hStb)

Ŧ = Stäbchen (Stb)

= 3 Stb in 1 M

= 2 fM zusammen (2 fM zus)

⊕ = Ende

DOMSPITZEN-GRANNY-SQUARE-KISSEN

Zweiter Turm:
Häkle 1 Lm in die nächste Masche links neben der letzten Masche
vom ersten Turm,
4 weitere fM, 1 Lm, wenden.
Häkle 4 fM, 1 Lm, wenden,
Zum Schluss häkelst du 3 fM, 1 Lm, wenden,
3 fM, 3 Lm und in die 2. Lm 1 fM.

Nun geht es mit der zweiten Farbe weiter:
1. Reihe: Beginne mittig zwischen den beiden Türmen und häkle 2 fM.
2. Reihe: Häkle 1 fM in einen Turm, 1 fM zwischen den beiden Anfangs-
maschen, 1 fM in den anderen Turm, dann die Arbeit wenden.
3. Reihe: Häkle 1 fM in einen Turm, 2 fM zwischen den unteren Maschen,
1 fM in den anderen Turm, dann die Arbeit wenden.
4. Reihe: Häkle 1 fM in einen Turm, 2 fM zwischen den unteren Maschen,
1 fM in den anderen Turm, dann die Arbeit wenden
5. Reihe: Häkle 1 fM in einen Turm, 3 fM zwischen den unteren Maschen,
1 fM in den anderen Turm, wenden.
6. Reihe: 1 fM in einen Turm, 4 fM zwischen den unteren Maschen,
1 fM in den anderen Turm, 2 Lm.

Weiter geht es um die Domspitze herum:
Häkle 1 hStb in die Domspitze,
1 Lm,
2 hStb in die Domspitze,
1 hStb in die erste Reihe nach der Spitze,
8 fM bis zur ersten Ecke,

Tipp
Du kannst aus
Dom-Grannies
auch einen schönen
Schal oder eine
Sofadecke fertigen.

DOMSPITZEN-GRANNY-SQUARE-KISSEN

1 Lm an der Ecke,
10 fM,
1 Lm an der Ecke,
8 fM bis vor der zweiten Spitze,
1 hStb,
2 hStb in die Domspitze,
1 Lm,
1 hStb in die Domspitze,
1 Lm,
8 fM.
Nun kannst du den Faden abschneiden und durchziehen.

Mit der dritten Farbe geht es weiter wie bei der dritten Farbe vom Basic Granny-Square beschrieben: An jeder Seite 4 Stäbchengruppen im gleichmäßigen Abstand formen. Die Stäbchengruppen werden an der Seite jeweils mit 1 Lm verbunden und an der Ecke mit 2 Lm. Bei der vierten Farbe sind es jeweils 5 Stäbchengruppen usw.

Für das Granny-Square-Kissen mit Kölner Dom brauchst du bei einer Kissengröße von 50 cm x 50 cm neun verschiedene Granny-Squares pro Kissenseite: 5 Domspitzen und 4 normale.

Fertigstellen des Kissens

Platziere die Grannies nebeneinander und nähe sie rechts auf rechts mit einem farblich passenden Faden zusammen. Dann nähst du die beiden Kissenseiten zusammen. In einer der Nähte lässt du eine Öffnung zum Wenden und wendest dann die Arbeit auf rechts. Zum Schluss füllst du die Kissenhülle mit dem Inlet, schließt die Öffnung und fertig ist dein Domspitzen-Kissen!

Schnell genäht und
doch so wirkungsvoll
und nützlich:
eine Spieluhr aus Köln.

DICKER PITTER

DICKER PITTER-SPIELUHR

Schlaf, Kindchen, schlaf. Wenn der dicke Pitter, wie die St. Petersglocke
im Dom auch genannt wird, läutet, dann können sicher keine Pänz
mehr schlafen. 24.000 Kilogramm werden dann ins Schwingen versetzt.
Am 28. Oktober 1925 um 12 Uhr läutete der Pitter zum allerersten Mal
in Köln. Allerdings wird die Glocke nur an hohen kirchlichen Feiertagen
und zu besonderen Anlässen zum Schwingen gebracht.
Üblicherweise beginnt der dicke Pitter zehn Minuten allein zu klingen,
bevor die anderen Glocken einsetzen. Ein ohrenbetäubendes Spektakel.
Wesentlich ruhiger geht es allerdings mit der Dicken-Pitter-Spieluhr im
Kinderzimmer zu – zumindest zur Schlafenszeit.
Wem der Dicke Pitter in Form einer kuschelweichen Spieluhr ins Kinder-
bettchen gelegt wird, der will sein Leben lang nicht mehr aus Köln weg.

Material

Filzplatte, 30 x 50 cm, Stickgarn, farblich passend, Sticknadel, Spieluhr
zum Einnähen, Füllwatte oder kleine Stoffreste, kleine Öse/Ring zum
Aufhängen der Spieluhr, schöne Schnur zum Fixieren der Spieluhr,
Länge ca. 20 cm, Zierband

Anleitung

SCHNITTMUSTER
IM ANHANG

1

Fädle die Schnur durch die kleine Öse an der Spieluhr und knote sie
mit einer schönen Schleife an der Öse fest – dies soll verhindern, dass
die Spieluhr nach dem Einnähen in der Glocke nach unten verrutscht.

IDEE

Noch schöner sieht die
Spieluhr aus, wenn du sie
aus kuschelweichem
Teddystoff zu-
schneidest.

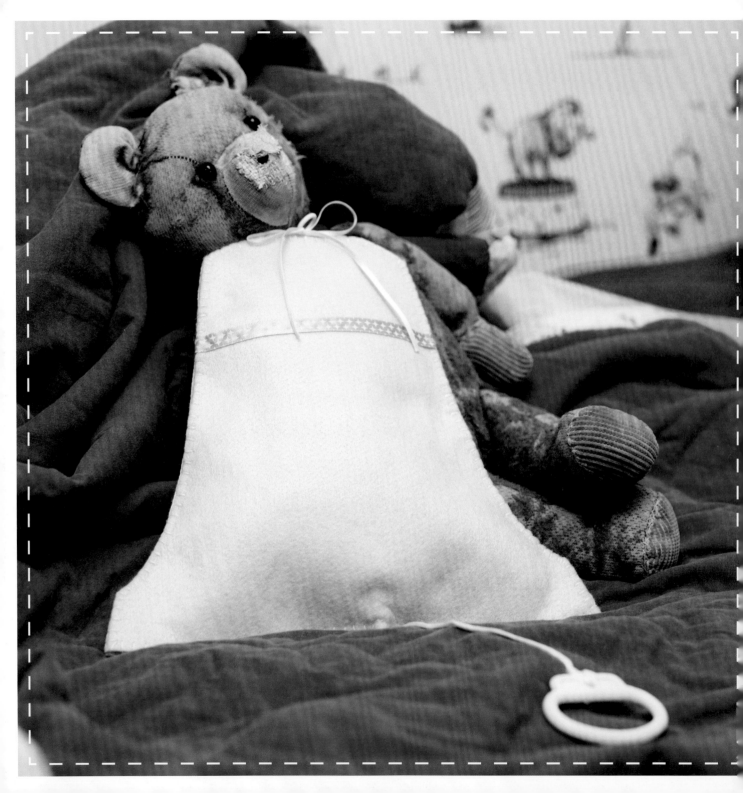

DICKER PITTER-SPIELUHR

2
Vergrößere die Vorlage aus dem Vorlagenbogen auf 200% und schneide mit Hilfe des Schnittmusters 2 x die Glocke aus dem Filz zu.

3
Falls du die Glocke mit Zierband verzieren möchtest, nähst du dieses jetzt auf, bevor die beiden Glockenhälften mit einem Zierstich zusammengenäht werden (Schritt 4 und 5).

4
Lege die beiden Glockenhälften genau aufeinander und schiebe die Spieluhr zwischen die beiden Filzlagen. Die Öse mit der Schleife sollte dabei oben etwas herausschauen, die Ziehschnur der Spieluhr unten.

5
Sticke nun die beiden Glockenhälften am Rand entlang mit Schlingstichen zusammen (siehe Skizze) und belasse dabei eine kleine Öffnung.

6
Befülle die Spieluhr durch die kleine Öffnung mit Füllwatte oder kleinen Stoffresten, bis sie die gewünschte Form erhalten hat.

7
Zum Schluss stickst du auch die Öffnung mit Schlingenstichen zu.
Fertig!

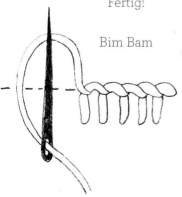

Bim Bam

Tipp
Wenn du die Spieluhr statt mit Füllwatte mit kleinen Stoffresten ausstopfst, wird sie etwas stabiler.

HEILIGE-DREI-KÖNIGE-DRAHTKRONEN

X X X

Ob die Heiligen Drei Könige Caspar, Melchior und Balthasar wirklich Könige waren – und ob es überhaupt drei waren–, das sei mal dahingestellt. Jedenfalls gelten die »Weisen aus dem Morgenland« oder auch »Sterndeuter« als erste Könige, die vom Stern über Bethlehem zum Jesuskind geführt worden sind. Ihre Reliquien – sprich Knochen oder Gebeine – gelangten im Jahr 1164 nach Köln, wo sie bis heute im Kölner Dom verehrt werden. Was wohl aus ihren Kronen geworden ist?

Material

FÜR DREI KRONEN

1 Dose 2-Cut-Perlen in Gold, Metallic oder Silber, Bindedraht 0,35 mm/ 100 m, blaugeglüht, Silber oder Messing, Drahtzange, Streichholz, Teelichter

Anleitung

1

Trenne als ersten Schritt mit der Zange vom Draht ein ca. 1 m langes Stück ab. Lieber zu viel Draht abschneiden als zu wenig.

HEILIGE-DREI-KÖNIGE-DRAHTKRONEN

2

Wickle das Drahtstück 1x locker um ein Teelicht, so dass am Ende noch ein wenig Draht zum Verbinden übrig bleibt.

3

Fädle die Drahtrunde mit Perlen auf. Draht mit den Enden zum Ring verbinden (siehe Skizze 1).

4

Jetzt fädelst du eine Streichholzlänge Perlen auf, knickst den Draht nach unten, so dass eine Spitze entsteht, und fädelst wieder eine Streichholzlänge Perlen auf. Das wiederholst du 5x, bis du 5 Kronenspitzen mit Perlen aufgefädelt hast (siehe Skizze 2).

5

Teile den Ring in fünf gleiche Teile auf und markiere die Schnittpunkte. Führe nun an der ersten Markierung die erste Kronenspitze um den Ring und wiederhole diesen Schritt noch für die vier weiteren Kronenspitzen. Danach kannst du das Drahtende mit dem Ring verbinden und die Drahtenden sorgfältig abtrennen.

Fertig ist das Kronen-Teelicht!

Tipp
Es gibt viele verschiedene Perlenformen und -farben. Probier doch einfach mal was aus!

DOMRAHMEN

✂✂✂

Rüschen:

Dom:

DOMRAHMEN

Home es wo d'r Dom es. Wo denn auch sonst? Die Liebe zu Köln
ist sicher kaum noch mit »Lokalpatriotismus« zu beschreiben.
Köln ist ein Gefühl. Und zwar ein ganz heftiges. Und so haben nicht nur
Kölner im Exil Heimweh nach ihrer Stadt. Selbst Leute, die in Köln
geboren wurden und Köln niemals länger verlassen haben, spüren
diesen speziellen Drang, sich zu Köln zu bekennen – für den es
kein Wort gibt, wie es Cat Ballou so schön besingt. Warum also nicht
gleich die Lieblings-Fotos von Lieblings-Menschen dieser Lieblings-
Stadt in einem gehäkelten Lieblings-Domrahmen unterbringen?
Oder die Lieblings-Liebeserklärungen.

*Der ovale Rahmen
ist ca. 18 cm lang
und ca. 12 cm hoch.*

Material

Häkelgarn in Gold (Viskose/Polyestergemisch), LL 175 m/25 g, Häkelnadel
Nr. 2, biegsamer dickerer Messingdraht, ca. 50 cm lang, Masking Tape

Anleitung

1

Biege den Draht zu einem Oval und umwickle beide Enden dünn mit
einem Stück Masking Tape, um das Oval zu stabilisieren.

2

Häkle nun mit dem Goldgarn feste Maschen (fM) um das Oval, bis der
gesamte Rahmen 1x umhäkelt ist. Sobald du wieder am Anfang
angekommen bist, häkelst du in den 1. Maschenbogen 1 Kettmasche
(Km), um alles miteinander zu verbinden.

DOMRAHMEN

3
RÜSCHEN

Häkle in die 1. fM nach der Km drei Luftmaschen (Lm). In dieselbe Masche häkelst du 4 Stäbchen (Stb).

Jetzt überspringst du 1 Masche und häkelst in die nächste Masche 1 fM.

Wieder eine Masche überspringen.

Jetzt 5 Stb in die nächste Masche häkeln. Eine Masche überspringen, 1 fM in die nächste Masche, eine Masche überspringen, 5 Stb in die nächste Masche häkeln usw. Wenn du bei den letzten 12 Maschen der Runde angekommen bist, überspringst du wieder eine Masche und häkelst 1 Km in die nächste Masche. Damit sind die Rüschen fertig.

4
DOM

Häkle 1 Lm und dann 1 fM in dieselbe Masche, 9 fM in die nächsten 9 Maschen.

Häkle 1 Lm, dann 1 fM in dieselbe Masche, 9 fM in die nächsten 9 Maschen.

Auf diese Weise häkelst du insgesamt 5 Reihen.

Dann häkelst du 1 Lm, häkelst die 1 fM aber erst in die nächste Masche, danach 8 fM in die nächsten 8 Maschen häkeln.

Erster Turm:

10. 1 Lm, 1 fM in dieselbe Masche, 1 fM in die nächste Masche, wenden.
11. 1 Lm, 1 fM in dieselbe Masche, 1 fM in die nächste Masche, wenden.
12. 1 Lm, 1 fM in dieselbe Masche, 1 fM in die nächste Masche, wenden.
13. 1 fM in die 2 Masche häkeln, jetzt ist der erste Turm beendet

Zweiter Turm:

Für den zweiten Turm häkelst du 1 Lm in die dritte Masche von links, bzw die erste freie Masche neben dem ersten Turm.

In dieselbe Masche häkelst du 1 fM, 1 fM in die nächste Masche, wenden.

Mit allen anderen Reihen verfährst du so wie beim ersten Turm.

Zum Schluss alle Fäden vernähen, fertig!

Tipp
Du kannst den Domrahmen natürlich auch in vielen anderen Farben häkeln. Zum Fertigstellen einfach ein Bild zurechtschneiden, dahinter kleben, fertig!

IDEE

Der Rahmen lässt sich auch mit einem doppelseitigen Klebeband aufhängen.

VORLAGE
IM ANHANG

HENNES

✂ ✂ ✂

Warum dem Kölner Fußballclub ausgerechnet ein Geißbock als Glücks-
bringer geschenkt worden ist, weiß wohl niemand so ganz genau.
Eigentlich ist ein Geißbock ja eine Hausziege. Während im Christentum
die Ziege das Böse verkörperte, galt der Geißbock bei den Germanen als
edles Opfertier. Immerhin wurden die dem Donnergott geopferten Böcke
nach jeder Mahlzeit aus den übrig gebliebenen Knochen wieder zum
Leben erweckt. Vielleicht ist es dieses Bild, das so gut zu Niedergang
und Aufstieg des FCs passt?! Ob jubeln oder meckern – unser Geißbock
aus Sperrholz bringt immer Glück ins Haus.

Material

Vorlage aus dem Anhang, auf DIN A3 ausgedruckt, feste Pappe
oder Sperrholz, Stärke 3 mm, Cuttermesser oder Säge, Schere, Bleistift,
evtl. Schleifpapier

Anleitung

1
Drucke die Vorlage aus dem Anhang auf DIN A3-Papier aus.
2
Schneide alle Einzelteile sorgfältig aus. Denke dabei auch an die
Aussparungen – am besten benutzt du für diese ein Cuttermesser.

HENNES

3

Übertrage anschließend die Schablonenteile mit einem Bleistift auf die feste Pappe oder auf Sperrholz.

4

Schneide sie dann einzeln mit dem Cuttermesser aus. Alternativ dazu nimmst du jetzt eine Säge zur Hand.

5

Wenn du Sperrholz benutzt, solltest du danach alle Kanten sorgfältig mit etwas Schleifpapier abschleifen und – falls gewünscht – die Einzelteile in deiner Wunschfarbe streichen. Anschließend gut trocknen lassen.

6

Zum Schluss musst du nur noch alle Einzelteile den Skizzen entsprechend zusammenstecken – und fertig ist der Hennes!

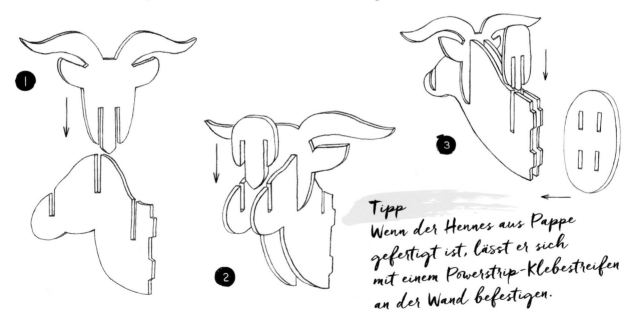

Tipp
Wenn der Hennes aus Pappe gefertigt ist, lässt er sich mit einem Powerstrip-Klebestreifen an der Wand befestigen.

KÖLNER
LICHTER

———————

✂ ✂ ✂

KÖLNER LICHTER

Nicht nur im Karneval kann der Kölner Party machen. Das geht das ganze
Jahr über. So auch im Sommer, wenn es auf und am Rhein ein ganz
besonderes Spektakel zu bewundern gibt: Die Kölner Lichter. Von Schiffen
aus wird ein großes Feuerwerk mit Musikbegleitung in den Himmel über
dem Dom geschickt. Vor allem das spektakuläre Feuerwerk ist ein Touristen-
Magnet. Wer keine Lust hat, sich mit hunderttausenden von Besuchern
an den Rheinplätzen in Deutz und der Altstadt zu drängeln, kann sich
ein kleines Lichtlein zu Hause entzünden und die Lieblingsmusik auflegen.
Stimmungsvolle Kölner Kerzen-Lichter lassen sich ganz einfach aus
alten Kaffeetassen basteln:
Feuerwerk aufmalen, im Ofen brennen, Kerze gießen, fertig!

Material

Beliebig viele alte Tassen mit Untertasse, am liebsten weiß und/oder
musterlos, Kerzendocht, so lang wie die Tiefe der Tasse plus ca. 3 cm,
farbige Kerzen oder Kerzenreste, mindestens 2 Stück, alter,
ausrangierter Topf, Holzspieß oder Bleistift, Porzellanmarker
in verschiedenen Farben, Porzellan-Kleber

Anleitung

1

Male mit dem Porzellanmarker das Feuerwerk auf die Tasse
und die Untertasse auf (Vorlagen siehe Anhang).
Der Phantasie sind dabei keine Grenzen gesetzt!

IDEE

Am schönsten sehen die Kölner Lichter aus, wenn du in weiße Tassen buntes Wachs einfüllst.

KÖLNER LICHTER

2

Möchtest du das Muster einbrennen, solltest du die Tasse jetzt bei 150°C
30 min. in den Backofen geben.

3

Schneide entsprechend den Angaben in der Materialbeschreibung ein Stück
Kerzendocht zu und binde den Docht in der Mitte des Holzspießes fest.

4

Lege nun den Spieß über die Ränder der Tasse, sodass der Docht mittig
nach unten in die Tasse hängt.

5

Lasse nun die Kerzenreste bei mäßiger Hitze im Topf schmelzen –
Vorsicht, es wird schnell zu heiß! Also bitte ständig dabeibleiben.

6

Gieße das flüssige Wachs vorsichtig in die Tasse und lasse es auf einem
stabilen Platz abkühlen bzw. aushärten.

7

Zum Schluss kannst du nun den Docht vom Holzspieß abtrennen und
kürzen und die Tasse auf der Untertasse festkleben. Fertig!

Ein Lichtlein brennt!

Tipp
Dekoriere mehrere Kölner
Lichter auf einem Tablett
oder auf einem Tisch –
so wirken sie am besten!

VORLAGE
IM ANHANG

KAMELLE-
BÜGGEL

KAMELLE-BÜGGEL

Jedes Jahr im Winter geht es wieder los: Karneval, Fasteleer oder Faste-lovend. Egal wie man es nennt – nur nicht Fasching, bitte! –, die fünfte Jahreszeit ist der absolute Höhepunkt in Köln. Vor allem wenn einem auch noch wie im Schlaraffenland die Süßigkeiten, Kamelle genannt, in den Mund fliegen. Weil jedes Jahr während der Umzüge Tonnen von Kamellen geworfen werden, kannst du dir dafür einen Beutel nähen. Im selbstgenähten Kamelle-Büggel kannst du selbstverständlich nach dem Karneval auch deine Einkäufe oder Sportsachen transportieren. Falls du die Kamelle bis dahin aufgegessen hast.

Material

Baumwolltasche uni mit langen Henkeln, Schere, Nähmaschine und Zubehör, verschiedene Textilfarben und Pinsel/Korken zum Stempeln, alte Zeitung

Anleitung

1

Lege die Baumwolltasche mit der Öffnung nach oben flach vor dir auf den Tisch. Stoff eventuell bügeln.

2

Schneide nun vom Henkel der oben liegenden Seite der Tasche das rechte Ende ab, vom Henkel der unten liegenden Seite das linke Ende. Achte darauf, dass du die Henkel direkt an der Taschenkante abschneidest, damit keine hässlichen Kanten überstehen.

KAMELLE-BÜGGEL

3

Lege anschließend die beiden losen Henkelenden aneinander und stecke sie mit einer Nahtzugabe von 0,7 cm zusammen. Die Tasche sollte nun nur noch einen über Kreuz verlaufenden langen Henkel zum Umhängen haben (siehe Skizze 1).

4

Nun kannst du ausprobieren und abmessen, wie lange du den Henkel überhaupt haben möchtest. Kürze also eventuell die Henkelenden ein und nähe die beiden Enden schließlich zusammen (siehe Skizze 2).

5

Abschließend sollte der Kamelle-Büggel noch schön bunt bemalt werden. Schiebe dazu die Zeitung in die Tasche, damit die Farbe nicht auf die andere Seite durchdrückt – und los geht's mit dem Stempeln und Verzieren mit Textilfarbe, entweder nach Vorlage oder nach eigener Fantasie.

6

Fixiere zum Schluss die Textilfarbe laut Herstellerangaben auf der Baumwolltasche, damit sie auch nächstes Jahr zu Karneval noch ihren Dienst tut!

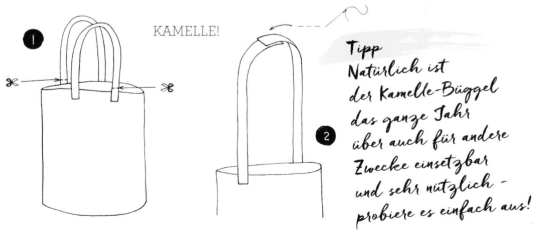

KAMELLE!

Tipp
Natürlich ist der Kamelle-Büggel das ganze Jahr über auch für andere Zwecke einsetzbar und sehr nützlich – probiere es einfach aus!

RHEIN-SCHAFE

✂ ✂ ✂

Stadtkinder haben oft eher eine Giraffe als eine Kuh gesehen, deshalb hält der Kölner Zoo als Attraktion einen Bauernhof mit Nutztieren bereit. In der freien Wildbahn, beziehungsweise auf den Rheinwiesen können Kölner Pänz aber jedes Jahr im Frühling verfolgen, wie kleine Lämmchen zu großen Schafen heranwachsen. Übrigens betitelte der Schriftsteller Heinrich Böll, der mal als Aushilfskraft bei der Stadt Köln arbeitete, eine satirische Kurzgeschichte, mit der er den literarischen Durchbruch schaffte, mit »Die schwarzen Schafe«. Ob er während des Schreibens wohl lange Spaziergänge am Rhein gemacht hat? Die wolligen Tiere, die auf den grünen Wiesen rechts und links vom Kölner Rhein grasen, üben auf jeden Stadtbewohner eine besänftigende Wirkung aus.

Material

GROSSES SCHAF:

Wellpappe, 4 Stück, je 50 cm x 30 cm, oder Holz in dieser Abmessung

KLEINES SCHAF:

Pappe oder Sperrholz, ca. 10 cm x 15 cm, 2 Wäscheklammern

Kohlepapier zum Durchpausen, Schere oder Cuttermesser bzw. alternativ Stichsäge oder Laubsäge, Schleifpapier, Kleber oder Holzleim, Wollreste in allen Farben. **Für schwarze Schafe:** Acrylfarbe in Schwarz

RHEIN-SCHAFE

Anleitung großes Schaf

1

Klebe die 4 Wellpappschichten sorgfältig aufeinander und lasse alles gut trocknen. Evtl. kannst du die Wellpappe während der Trockenphase mit einem Stapel dicker Bücher beschweren.

2

Kopiere die Vorlage (siehe Anhang) auf Papier, schneide sie aus und übertrage die Umrisse des Schafes mit Hilfe des Kohlepapiers auf die Wellpappe. Soll das Schaf größer werden als auf der Vorlage, kannst du die Vorlage beliebig hochkopieren – unsere Wellpappe reicht für ein Schaf, das etwa 30 cm lang ist. Alternativ sägst du das Schaf mit der Säge aus. Denke dabei daran, zusätzlich noch vier Blöckchen zuzusägen, die später für Stabilität beim Stehen sorgen. Schleife anschließend alle Kanten von Körper und Beinen sorgfältig mit dem Schleifpapier ab.

3

Klebe für das Schaf aus Wellpappe die Stabilitätsblöckchen an beide Außenkanten der Beine. Achte darauf, dass die Sohle gerade ist, damit das Schaf gut stehen kann. Beim Schaf aus Holz befestigst du die Holzblöckchen mit Leim.

4

Soll das Schaf schwarz werden, kannst du jetzt den Kopf, den Schwanz und die Beine schwarz bemalen; anschließend alles gut trocknen lassen.

5

Zum Schluss kannst du deine schöne wollige Wolle um das Schaf

Tipp

Wer ein Schaf aus Holz basteln möchte, kann auch 3 cm dickes Holz (fürs große Schaf) oder Sperrholz (fürs kleine Schaf) nehmen. Bei letzterem braucht man dann aber nur 1 Schaf auszusägen und nichts zu falten.

VORLAGE IM ANHANG

RHEIN-SCHAFE

wickeln. Am besten beginnst du beim Kopf, umwickelst dann die Beine
und am Schluss den Körper – einfach drauflos wickeln und ausprobieren!
Das Fadenende verknotest du im Fell, und fertig ist das Schaf!

MÄÄÄH!

Anleitung kleines Schaf

1
Kopiere die Vorlage (siehe Anhang) auf Papier und übertrage die Umrisse
des Schafes mit Hilfe des Kohlepapiers auf die Pappe bzw. das Holz.

2
Schneide das Schaf mit der Schere aus der
Pappe aus und falte es auf der gestrichelten
Linie doppelt (siehe Skizze Nr. 1).
Beim Aussägen aus Sperrholz brauchst
du die Form nur 1 x.

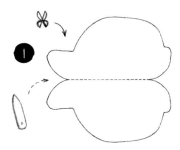

3
Bestreiche die beiden Wäscheklammern mit
Kleber bzw. Holzleim und klemme sie
an den Korpus – sie bilden die Beine des
Schafes (siehe Skizze Nr. 2).

4
Zum Fertigstellen des Schafes geht
es jetzt beim Anleitungsschritt
Nr. 5 des großen Schafes weiter
(vgl. dazu auch Skizze 3)!

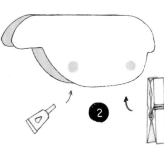

STICK-
RAHMEN

STICKRAHMEN MIT KÖLSCHEM SPRUCH

Kölsch ist nicht nur eine Biersorte, sondern eine eigene Sprache, die manchen Zugezogenen zur Verzweiflung treiben kann. Denn superjeile Zick ist keineswegs eine sexistische Beschreibung, sondern ein sentimentaler Song über die Vergangenheit. Überhaupt versucht der Kölner sich nicht allzu oft aufzuregen. Et kütt wie et kütt – es kommt, wie es kommt. Oder auch Wat fott es, es fott – was passiert ist, ist passiert. Mag diese Haltung auf Außenstehende angesichts des Einsturzes des Kölner Stadtarchivs durch kriminelle Machenschaften beim Bau der U-Bahn auch befremdlich wirken, für den Blutdruck ist sie sicher genauso förderlich wie die eine oder andere Yoga-Stunde.
Die Kölner Grundsätze tragen gestickt und über dem Esstisch platziert mit Sicherheit zum Familienfrieden bei.

Material

Runde Stickrahmen in verschiedenen Größen, z. B. Ø 19 cm, Ø 23 cm oder Ø 25 cm, Stoffstück, einfarbig oder gemustert, etwas größer als der Rahmen, Stickseide in verschiedenen Farben, Sticknadel, Bleistift, Kohlepapier zum Durchpausen

Anleitung

1

Übertrage den Schriftzug, den du aufsticken möchtest, mit Hilfe von Bleistift und Kohlepapier mittig auf den Stoff – oder halte die Vorlage vor das Fenster und lege den Stoff darüber, damit du den Text durchpausen kannst.

ACHTUNG

Vor dem Übertragen musst du die Vorlage aus dem Anhang auf 200% hochkopieren!

Wat wells de maache?

DRINKS DE EJNE MET?

Liebelein

Et kütt wie et kütt

Wat soll dä Kwatsch?

Et es wie et es

VORLAGEN IM ANHANG

STICKRAHMEN MIT KÖLSCHEM SPRUCH

Wenn du einen sehr großen Stickrahmen benutzt, sieht es womöglich besser aus, wenn du die Vorlage hochkopierst.

2

Sticke den Text mit der Stickseide nach. Dafür gibt es verschiedene Stiche zur Auswahl, z. B. Kreuzstich, Rückstich oder Kettenstich. Je nachdem, welchen Stich du verwendest, kannst du eine unterschiedliche Wirkung erzielen. Schön ist es auch, mit verschiedenen Arten von Stickseide zu arbeiten.

3

Eventuell kannst du die Stickarbeit über, unter oder neben dem Schriftzug noch mit kleinen Zierstichen (z. B. Blümchen, Knötchen, etc.) verzieren. Ist der Schriftzug aufgestickt, spanne den Stoff in den Stickrahmen ein und ziehe ihn vorsichtig stramm. Achte dabei darauf, dass der Text, den du aufgestickt hast, im Stickrahmen schön mittig erscheint! Falls nötig, kannst du den Stoff vor dem Einspannen in den Rahmen noch vorsichtig auf der Rückseite der Stickarbeit bügeln.

4

Schneide den überschüssigen Stoff entsprechend der Form des Stickrahmens mit mind. 5 cm Überhang zurück. Umnähe anschließend mit einem langen Faden die äußere Kante des Stoffes mit großen Vorstichen und ziehe den Faden zusammen. Dadurch wird der Stoff gleichmäßig nach hinten gespannt und ist von vorn nicht mehr sichtbar.

Tipp
Am besten sehen die Stickrahmen aus, wenn du gleich mehrere Rahmen in unterschiedlicher Größe nebeneinander aufhängst!

ET RHEINISCH
JRUNDJESETZ

ARTIKEL 1:
ET ES WIE ET ES.

(»Es ist, wie es ist.«)

Sieh den Tatsachen ins Auge, du kannst eh nichts ändern.

ARTIKEL 2:
ET KÜTT WIE ET KÜTT.

(»Es kommt, wie es kommt.«)

Füge dich in das Unabwendbare; du kannst ohnehin nichts am Lauf der Dinge ändern.

ARTIKEL 3:
ET HÄTT NOCH EMMER JOOT JEJANGE.

(»Es ist bisher noch immer gut gegangen.«)

Was gestern gut gegangen ist, wird auch morgen funktionieren.
Situationsabhängig auch: Wir wissen es ist Murks, aber es wird schon gut gehen.

ARTIKEL 4:
WAT FOTT ES, ES FOTT.

(»Was fort ist, ist fort.«)

Jammer den Dingen nicht nach und trauer nicht um längst vergessene Dinge.

ARTIKEL 5:
ET BLIEV NIX WIE ET WOR.

(»Es bleibt nichts wie es war.«)
Sei offen für Neuerungen.

ARTIKEL 6:
KENNE MER NIT, BRUCHE MER NIT, FOTT DOMET.

(»Kennen wir nicht, brauchen wir nicht, fort damit.«)
Sei kritisch, wenn Neuerungen überhandnehmen.

ARTIKEL 7:
WAT WELLS DE MAACHE?

(»Was willst du machen?«)
Füg dich in dein Schicksal.

ARTIKEL 8:
MAACH ET JOOT, ÄVVER NIT ZO OFF.

(»Mach es gut, aber nicht zu oft.«)
Qualität über Quantität.

ARTIKEL 9:
WAT SOLL DÄ KWATSCH/KÄU?

(»Was soll das sinnlose Gerede?«)
Stell immer die Universalfrage.

ARTIKEL 10:
DRINKS DE EJNE MET?

(»Trinkst du einen mit?«)
Komm dem Gebot der Gastfreundschaft nach.

ARTIKEL 11:
DO LAACHS DE DISCH KAPOTT.

(»Da lachst du dich kaputt.«)
Bewahr dir eine gesunde Einstellung zum Humor.

ERGÄNZUNGEN

Falls Artikel 3 einmal nicht zutreffen sollte:

»NOTSTANDSGESETZ«:
ET HÄTT NOCH SCHLIMMER KUMME KÜNNE.

(»Es hätte noch schlimmer kommen können.«)

»WOHLSTANDSGESETZ«:
MER MUSS OCH JÜNNE KÖNNE!

(»Man muss auch gönnen können.«)
Sei weder neidisch noch missgünstig!

ANTI-STRESS-GESETZ:
MER MUSS SISCH OCH JET JÜNNE KÖNNE!

(»Man muss sich auch etwas gönnen können.«)
Nur in einem gesunden Körper wohnt auch ein gesunder Geist.
Oder: Das Gebot zur Nächstenliebe bedeutet nicht, dass man den eigenen Körper und Geist lieblos behandeln soll.

MÄHT NIX!

(»(Es) Macht nichts.«)

JEDE JECK IS ANDERS!

(»Jeder Narr ist anders!«)
Übe Toleranz und Nachsicht dem anderen gegenüber, im Wissen um die eigene Unvollkommenheit.

HAMMER IMMER SU JEMAAT!

(»Haben wir immer so gemacht!«)

LEVVE UND LEVVE LOSSE!

(»Leben und leben lassen!«)

NIT ALLES, WAT EN LOCH HÄTT, IS KAPOTT!

(»Nicht alles, was ein Loch hat, ist kaputt!«)

AUTOREN & FOTOGRAF

MILA LIPPKE lebt mit ihrer Familie in Köln und schreibt für Fernseh-serien, wenn sie nicht gerade an einem neuen Roman arbeitet oder bastelt. Vor allem die schier unendlichen Möglichkeiten des Häkelns und Strickens faszinieren sie immer wieder aufs Neue. **OLGA RELJIC,** Grafikerin, Künstlerin und Musikerin, verbindet ihre Liebe zu Büchern mit vielen künstlerischen und handwerklichen Techniken. Und sorgt gemeinsam mit **MIRJAM WIESEMANN** in ihrem Atelier Arttreff für ein Stück kreativen Glücks. Im Laufe der letzten zwanzig Jahre ist Mirjam Wiesemann aus den Niederlanden über verschiedene deutsche Städte in Köln gelandet. Schon seitdem sie sich erinnern kann, verbringt sie ihre Freizeit hinter der Nähmaschine und lebt sich kreativ aus. Aus dieser Leidenschaft hat sie ihren Beruf gemacht und arbeitet gemeinsam mit Olga Reljic in ihrem Atelier Arttreff. **JÖRN NEUMANN** lebt und arbeitet seit 2005 als selbstständiger Fotograf in Köln. Nach seinem Fotografie-Studium an der FH Dortmund folgten neben Aufträ-gen für Zeitungen und Magazine auch Arbeiten als Kameramann. 2014 wurde sein erster Dokumentarfilm bundesweit im Kino gezeigt.

AUTOREN:

Mila Lippke, Olga Reljić, Mirjam Wiesemann, Köln

FOTOS:

Jörn Neumann, Köln

LEKTORAT:

Nicole Janke M.A., Neuhausen a.d. Fildern

GESTALTUNGSKONZEPT UND LAYOUT:

Nina Schäfer

UMSCHLAGGESTALTUNG:

Nina Schäfer

REDAKTION:

Paula Döring

DRUCK UND BINDUNG:

Grafisches Centrum Cuno, Calbe

ISBN:

978-3-7408-0228-8

Die Deutsche Nationalbibliothek verzeichnet diese Publikation
in der Deutschen Nationalbibliografie; detaillierte bibliografische Daten
sind im Internet über http://dnb.d-nb.de abrufbar.